BEI GRIN MACHT SICH IHR WISSEN BEZAHLT

Die Bedeutung der privaten Berufsunfähigkeitsversicherung und ihre Alternativen

G R I N ☺

Bibliografische Information der Deutschen Nationalbibliothek:

Die Deutsche Nationalbibliothek verzeichnet diese Publikation in der Deutschen Nationalbibliografie; detaillierte bibliografische Daten sind im Internet über http://dnb.d-nb.de abrufbar.

ISBN: 9783346221322
Dieses Buch ist auch als E-Book erhältlich.

© GRIN Publishing GmbH
Nymphenburger Straße 86
80636 München

Druck und Bindung: Books on Demand GmbH, Norderstedt Germany
Gedruckt auf säurefreiem Papier aus verantwortungsvollen Quellen

Das Buch bei GRIN: https://grin.extdb.e-fellows.net/document/908774

Oberstufenjahrgang 2015/17

Seminararbeit

im W-Seminarfach Wirtschaft und Recht

Rahmenthema: Mathe meets WR

Thema der Seminararbeit: Die private Berufsunfähigkeitsversicherung

Abgabetermin: 08.11.2016

Inhaltsverzeichnis

A. Einleitung

„Die Gesundheit ist zwar nicht alles, aber ohne Gesundheit ist alles nichts."[1], sagte der Philosoph Arthur Schopenhauer einmal, denn falls die Gesundheit beeinträchtigt wird, kann dies erhebliche Konsequenzen für den Alltag zur Folge haben. Wer Glück hat, wird nach kurzer Zeit wieder gesund. Doch was ist, wenn die Schädigung nicht nur vorübergehend ist? Was geschieht, wenn man plötzlich seinen Beruf nicht mehr ausüben kann und dadurch in finanzielle Not gerät? „Das passiert mir doch nicht!", denken die meisten, für die Gesundheit selbstverständlich ist, obgleich die Statistiken etwas anderes aussagen (s. Kap. B.II). Deshalb sollte sich jeder damit beschäftigen, wie er sich für den Fall einer Berufsunfähigkeit (kurz: BU) am besten absichert.

Hierfür liefert die vorliegende Seminararbeit, die sich mit dem Thema der Berufsunfähigkeitsversicherung (kurz: BUV) in Deutschland beschäftigt, wesentliche Informationen. Der Fokus liegt auf der BU bei Angestellten, weshalb auf Beamte, Selbstständige, Schüler, Studenten und Auszubildende nur kurz eingegangen wird. Zunächst erfolgt eine Erklärung, was eine BU ist, wodurch sie ausgelöst wird und wie groß das Risiko ist, selbst berufsunfähig zu werden.

Nach einer kritischen Betrachtung der gesetzlichen Leistungen werden verschiedene Aspekte der privaten BUV detailliert erläutert, welche für den Abschluss eines Versicherungsvertrags von Bedeutung sind. Hierbei wird jedoch nicht auf konkrete Angebote der Versicherungsgesellschaften, die Inanspruchnahme der Versicherung sowie deren Kündigung eingegangen. Ergänzend folgt die Betrachtung einiger Alternativen zur BUV.

B. Berufsunfähigkeit

I. Definition

Das Versicherungsvertragsgesetz (§ 172 II) definiert: „Berufsunfähig ist, wer seinen zuletzt ausgeübten Beruf, so wie er ohne gesundheitliche Beeinträchtigung ausgestaltet war, infolge Krankheit, Körperverletzung oder mehr als altersentsprechendem Kräfteverfall ganz oder teilweise voraussichtlich auf Dauer nicht mehr ausüben kann."

Die Definitionen der Versicherer sowie ihre vertraglichen Bedingungen sind unterschiedlich. Sie legen z. B. den Prozentsatz der BU fest, ab dem der Versicherte Leistungen erhält, welcher üblicherweise bei 50 % liegt. Dabei ist zu beachten, dass individuelle Gesundheitsprobleme sich in unterschiedlicher Weise in verschiedenen Berufen auswirken können: So bedeutet beispielsweise für jemanden, der im Baugewerbe tätig ist, ein Bandscheibenvorfall meist die BU, während ein Büroangestellter seine berufliche Tätigkeit oft noch weiter ausführen kann, wenn er u. a. einen ergonomisch geeigneten Bürostuhl benutzt. Deshalb können

---

[1] Smith, P.: Schopenhauer: Gesundheit als Schlüssel zum Lebensglück. In: ÄrzteZeitung, 22.09.2010. Verfügbar unter: http://www.aerztezeitung.de/panorama/article/616284/schopenhauer-gesundheit-schluessel-lebensglueck.html [24.09.2016]; zitiert nach: Schopenhauer, A.

die Prüfungsverfahren der Versicherungen bei Antrag auf Leistungen in Einzelfällen sehr aufwendig sein. Abschließend ist anzumerken, dass BU sich normalerweise auf den zuletzt ausgeübten Beruf bezieht, im Unterschied zur Erwerbsunfähigkeit, die jegliche berufliche Betätigung in Vollzeit ausschließt.

II. Statistisches Risiko

Das Risiko einer BU wird im Allgemeinen unterschätzt. Dies ist vor allem aus der Tatsache ersichtlich, dass „[d]erzeit [...] nur 24,5 [%] der Haushalte eine private Versicherung abgeschlossen [haben], mit der sie sich gegen Berufs- oder Erwerbsunfähigkeit schützen."[2] In diesem Zusammenhang ist auf folgende Statistik (s. Abb. 1) hinzuweisen, welche die Wahrscheinlichkeit nach Altersgruppen zeigt, bis zur Rente mit 65 berufsunfähig zu werden. So werden z. B. 43 von 100 heute 20-jährigen Männern wahrscheinlich ihren Beruf vor Rentenbeginn nicht mehr ausüben können:

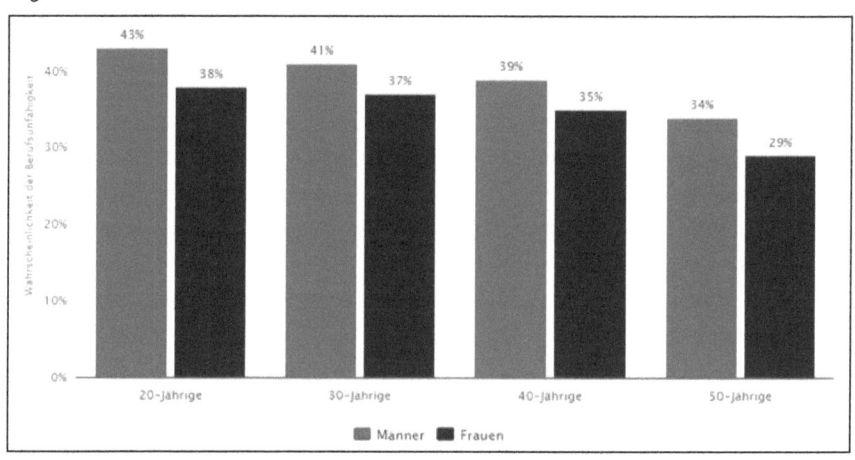

Abbildung 1: Wahrscheinlichkeit, bis zur Rente mit 65 berufsunfähig zu werden nach Altersgruppen[3]

Die Ursachen von BU sind vielfältig. Sie „wird fast immer von einer Krankheit ausgelöst, Unfälle spielen nur eine untergeordnete Rolle."[4] Die Gewichtung der einzelnen Krankheitskategorien variiert, doch insgesamt haben alle Statistiken die gleiche Aussage: Psychische Leiden sind der häufigste Auslöser, gefolgt von Erkrankungen des Skelett- und Bewegungsapparates (s. Abb. 2). „Die Anzahl der Fälle, die durch psychische Erkrankungen hervorgerufen

---

[2] Pohlmann, I.: Der Versicherungs-Ratgeber. Was wirklich wichtig ist für Familie, Recht, Eigentum, Auto und Gesundheit. 2. Auflage. Berlin: Stiftung Warentest 2012, S. 59.

[3] O. A.: Wahrscheinlichkeit, bis zur Rente mit 65 berufsunfähig zu werden nach Altersgruppen. Online-Veröffentlichung 2016. Verfügbar unter: http://de.statista.com/statistik/daten/studie/28002/ umfrage/wahrscheinlichkeit-der-berufsunfaehigkeit-bis-zur-rente-mit-65/ [21.05.2016].

[4] Heuchert, O.: WISO. Risiko Berufsunfähigkeit. Frankfurt: Campus 2006, S. 23.

werden, nimmt [...] leicht zu"[5], wohingegen solche physischer Natur „in absoluten Zahlen seit Jahren [abnehmen]"[6]. Dies liegt am Wandel der Arbeitswelt, der sowohl zunehmende psychische Belastungen als auch verbesserte Arbeitsplatzbedingungen mit sich bringt. Außerdem lassen sich körperliche Leiden dank des medizinischen Fortschritts durch z. B. Implantate oder neue wirksamere Medikamente heutzutage besser behandeln.

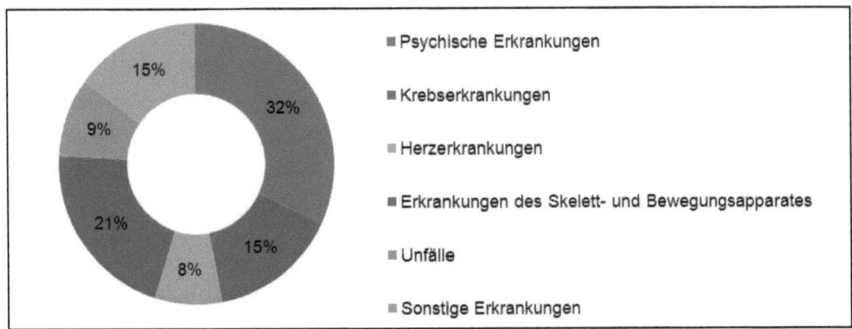

Abbildung 2: Ursachen von Berufsunfähigkeit[7]

Die Art des Berufes ist sehr bedeutend für die Risikoeinstufung. Die Versicherungsgesellschaften haben jedoch keine einheitliche Einordnung in Risikogruppen. Als Berufe mit besonders hohem Risiko, berufsunfähig zu werden, können exemplarisch Eisenbahnschaffner, Dachdecker und Pilot genannt werden. Risikoarme Berufe sind u. a. Hochschullehrer, Arzt und Staatsanwalt.[8]

Neben dem Beruf spielt auch das Geschlecht bei der Einschätzung des Risikos eine Rolle. „In der privaten Versicherungswirtschaft wird [es] für Frauen höher eingeschätzt als [...] für Männer."[9] Trotzdem sind seit dem 21.12.2012 „Beitragsunterschiede aufgrund des Geschlechts [...] für Neuverträge"[10] verboten. Dies entschied der Europäische Gerichtshof begründet durch die Gleichberechtigung.[11] Folglich zahlen Frauen seither weniger als zuvor, während die Beiträge der Männer gestiegen sind.[12]

---

[5] Ebd. S. 24.
[6] Ebd. S. 24.
[7] In Anlehnung an: Lange & Lange GbR: Berufsunfähigkeitsversicherung. Online-Veröffentlichung 2016. Verfügbar unter: http://www.dbu-brb.de/ [24.09.2016]; zitiert nach: Morgen&Morgen 2014.
[8] Vgl. o. A.: Berufsgruppen (BU). Online-Veröffentlichung o. J. Verfügbar unter: http://www.deutsche-versicherungsboerse.de/verswiki/index_dvb.php?title=Berufsgruppen_%28BU%29 [21.05.2016]; o. A.: Gravierendes BU-Risiko für Piloten. Online-Veröffentlichung o. J. Verfügbar unter: https://www.online-vergleich-versicherung.de/berufsunfaehigkeitsversicherung/berufsunfaehigkeit-pilot/ [21.05.2016].
[9] Heuchert 2006, S. 25.
[10] Pohlmann 2012, S. 60.
[11] Vgl. Schmeitzner, B.: Der kleine Unterschied spielt keine Rolle mehr. Online-Veröffentlichung 2012. Verfügbar unter: https://www.tagesschau.de/wirtschaft/unisex100.html [05.09.2016].
[12] Vgl. o. A.: Auswirkungen der Unisex-Tarife für private Versicherungen. Online-Veröffentlichung o. J. Verfügbar unter: https://www.1averbraucherportal.de/versicherung/unisex-tarif# [17.10.16].

Ferner prognostizieren Fachleute folgende Entwicklung: Der momentan sinkende Anteil an Berufsunfähigen eines Jahrgangs wird sich langfristig bei etwa 20 % einpendeln. Folglich wird jeder Fünfte vor Eintritt in die Altersrente berufsunfähig. Gleichzeitig werden die Betroffenen im Mittel immer jünger: Das durchschnittliche Zugangsalter lag 2004 bei 50 Jahren, während es 1985 noch 54 Jahre betrug.[13] Problematisch an dieser Entwicklung ist, dass die finanziellen Folgen umso schwerwiegender werden, je früher der Eintritt in die BU stattfindet, da dann ein längerer Zeitraum bis zur Rente überbrückt werden muss.

C. Gesetzliche Leistungen

Das deutsche Sozialsystem bietet verschiedene Leistungen für Arbeitsunfähige, die im Folgenden betrachtet werden: Die gesetzliche Rente wegen Berufsunfähigkeit wurde ab 2001 durch die Rente wegen voller oder teilweiser Erwerbsminderung ersetzt. Dies bedeutet für alle, die ab dem 2.1.1961 geboren wurden, dass nun mehrere Bedingungen für den Erhalt von Leistungen der Rentenversicherung zu erfüllen sind. Zum einen muss eine Erwerbsunfähigkeit vorliegen. Das bedeutet, dass jemand, der noch in der Lage ist, eine weniger qualifizierte – und dementsprechend schlechter bezahlte – Tätigkeit auszuführen, keine gesetzlichen Leistungen erhält. Es spielt dabei auch keine Rolle, ob die aktuelle Lage auf dem Arbeitsmarkt einen solchen Arbeitsplatz anbietet. Zum anderen muss der Betroffene in den fünf Jahren vor dem Eintritt der Erwerbsminderung mindestens 36 Monate Pflichtbeiträge an die Rentenkasse gezahlt haben. Das führt dazu, dass Selbstständige oder Elternteile, die bei ihrem Kind zu Hause bleiben, schnell ihre Ansprüche verlieren. Auch erwerbsgeminderte Berufseinsteiger werden folglich nicht gesetzlich aufgefangen. Außerdem gehört zum Antrag auf Erwerbsminderungsrente grundsätzlich ein ärztliches Gutachten. Der Versicherte wird zunächst in die Rehabilitation geschickt und erhält lediglich Leistungen, falls diese nicht erfolgreich war.[14]

Je nach verbliebener Leistungsfähigkeit kann eine volle oder eine halbe Erwerbsminderungsrente gezahlt werden. Die Voraussetzung für die erstere ist die Unfähigkeit, wenigstens drei Stunden täglich irgendeiner Erwerbstätigkeit nachzugehen. Die letztere erhält der Versicherte, wenn er noch mehr als drei aber weniger als sechs Stunden täglich arbeiten kann.[15] Die Höhe der Rente hängt von der Höhe der geleisteten Versicherungsbeiträge ab. Sie „liegt oft deutlich unter einem Drittel des letzten Bruttogehalts"[16] und beträgt bei voller Erwerbsminderung durchschnittlich „lediglich 700 Euro im Monat"[17]. Die gesetzliche Erwerbsminderungs-

---

[13] Vgl. Heuchert 2006, S. 20 f.
[14] Vgl. Pohlmann 2012, S. 58 f.; Heuchert 2006, S. 37; §§ 43, 240 SGB VI.
[15] Vgl. Pohlmann 2012, S. 58.
[16] Krempel, A.; Rieder, J.: Gesetzlicher Schutz gegen Erwerbsminderung nur lückenhaft. Online-Veröffentlichung 2016. Verfügbar unter http://www.finanztip.de/berufsunfaehigkeitsversicherung/erwerbsminderungsrente/ [05.09.2016].
[17] Heuchert 2006, S. 32.

rente wird höchstens bis zum 65. Lebensjahr gezahlt und dann durch die gesetzliche Altersrente ersetzt.

Des Weiteren wird von der gesetzlichen Unfallversicherung eine Unfallrente gezahlt, wenn
die BU durch einen Arbeitsunfall oder eine Berufskrankheit ausgelöst wurde. In diesen Fällen
können auch Berufsgenossenschaften Unterstützung in Form von Verletztengeld, Über-
gangsgeld oder einer Unfallrente leisten. „Was eine Berufskrankheit ist, wird amtlich festgelegt und ist in der Berufskrankheiten-Verordnung aufgelistet."[18]

Beamte auf Lebenszeit, die ihren Beruf nicht mehr ausüben können, haben einen Anspruch
auf Ruhegehalt wegen Dienstunfähigkeit, wenn sie seit mindestens fünf Jahren im Beamten-
verhältnis standen. Wenn diese Bedingung nicht erfüllt ist, besteht nur ein Anspruch im Falle
von Arbeitsunfähigkeit, die durch einen Dienstunfall oder eine Dienstbeschädigung verur-
sacht wurde.[19] Das Ruhegehalt kann je nach Anzahl der Dienstjahre bis zu 71,75 % des vo-
rigen Entgelts betragen.[20]

Wer weder gesetzliche noch private Versicherungsleistungen wegen BU erhält, ist auf die
Grundsicherung bzw. Arbeitslosengeld II angewiesen. Diese werden allerdings mit dem Pri-
vatvermögen verrechnet.[21]

D. Private Berufsunfähigkeitsversicherung

I. Notwendigkeit einer Absicherung

1. Höhe der Versorgungslücke

Im Falle einer BU entfällt das monatliche Gehalt. Außerdem erhält man gesetzliche Leistungen nur, falls man erwerbsunfähig ist und weitere Voraussetzungen erfüllt (s. Kap. C). Selbst
dann genügen diese meist nicht, um den bisherigen Lebensstandard aufrecht zu erhalten.
Folglich bietet sich der Abschluss einer BUV an, damit im Falle des Eintritts einer BU der
Versicherte als Ersatz für das vorige Einkommen eine monatliche Rente erhält. Deren Höhe
sollte ausreichend für alltägliche Ausgaben sowie eine private Altersvorsorge sein. Diese ist
im Falle der BU dringend notwendig, da der Versicherte nach dem vereinbarten Laufzeitende
(z. B. 60., 65. oder 67. Lebensjahr) auf andere Vorsorge angewiesen ist.[22] Es gilt zu beden-
ken, dass je nachdem, was der Auslöser für die BU ist, auch weitere Kosten für Therapien

---

[18] Ebd. S. 51.
[19] § 4 I BeamtVG.
[20] Vgl. o. A.: Pensionsansprüche von Beamten. Online-Veröffentlichung o. J. Verfügbar unter
   https://beamten-infoportal.de/ratgeber/pensionsanspruche-von-beamten/ [05.09.2016].
[21] Vgl. Heuchert 2006, S. 54 f.; § 27 SGB XII.
[22] Vgl. Pohlmann 2012, S. 61 f.

oder Umbauten in der Wohnung anfallen können, die ggf. selbst bezahlt werden müssen.[23] Unter Umständen sind noch Kredite beispielsweise für ein Haus abzubezahlen.

Zu beachten ist, dass die Berufsunfähigkeitsrente als Einkommen angerechnet wird und somit den Erhalt von Sozialleistungen weitestgehend ausschließt. Ein weiterer Aspekt ist, dass man sie eventuell, abhängig von der Höhe und sonstigen Einkünften, versteuern muss.[24] Folglich ist eine private BUV nur dann sinnvoll, wenn sie im Ernstfall einen deutlichen finanziellen Vorteil gegenüber dem Grundsicherungsniveau bietet.

Da dies meistens der Fall ist, stellt sich nun die Frage, wie hoch die Berufsunfähigkeitsrente anzusetzen ist. Hierfür berechnet man die Versorgungslücke. Das ist die Differenz zwischen dem Nettogehalt und der gesetzlichen Erwerbsminderungsrente (s. Abb. 3). Man muss berücksichtigen, dass nicht jeder Berufsunfähige Anspruch auf letztere hat (s. Kap. C), was den Fehlbetrag erhöhen kann. Hieraus lässt sich schließen, dass in den meisten Fällen eine erhebliche Versorgungslücke besteht. Andererseits gibt es auch Faktoren, die sie verkleinern, wie z. B. eine betriebliche Berufsunfähigkeitsrente, sonstige Einnahmen aus Geldanlagen oder vermieteten Immobilien sowie verwertbarem Vermögen, beispielsweise in Form von Immobilien, die verkauft werden könnten.[25]

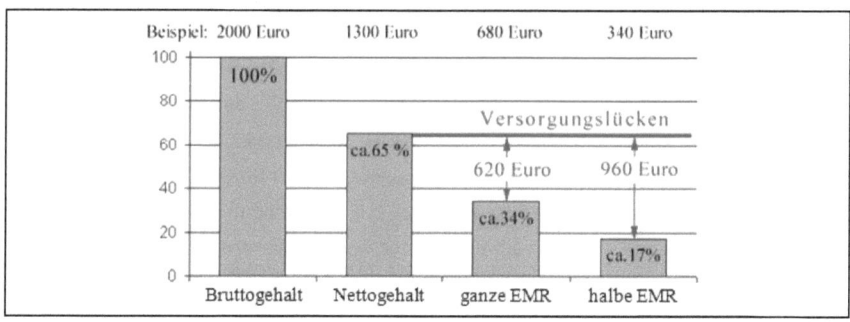

Abbildung 3: Versorgungslücke trotz Bezug der gesetzlichen Erwerbsminderungsrente (EMR)[26]

Bezüglich der Festlegung der Rentenhöhe gibt es unterschiedliche Empfehlungen: „Die Stiftung Warentest empfiehlt als Faustregel, zwei Drittel des Nettoeinkommens privat abzusichern."[27] Andere Ratgeber empfehlen 75 %, mindestens aber eine Rente von 1000 Euro im

---

[23] Vgl. o. A.: Berufsunfähigkeit - hohes Risiko mit gravierenden finanziellen Folgen. Online-Veröffentlichung 2014. Verfügbar unter: http://www.gdv.de/2014/09/berufsunfaehigkeit-hohes-risiko-mit-gravierenden-finanziellen-folgen/ [19.05.2016].
[24] Vgl. Heuchert 2006, S. 80.
[25] Vgl. ebd. S. 82.
[26] In Anlehnung an: Kopittke, M.; Macht, T.: Höhe der Absicherung. Online-Veröffentlichung o. J. Verfügbar unter: https://www.versicherungen-preiswert-billig.de/Berufsunfaehigkeitsversicherung/Berufsunfaehigkeit_Statistik_Info/Absicherung_Hoehe/absicherung_hoehe.html [13.09.2016].
[27] AFP: Schutz vor finanziellem Ruin bei Krankheit. Berufsunfähigkeitsversicherung nach Ansicht von Stiftung Warentest „erste Wahl". In: Schwäbische Zeitung, 20.06.2016, S. 7.

Monat anzusetzen.[28] Der Ratgeber WISO hingegen schätzt die Versorgungslücke auf 50 bis 60 % des Nettogehalts und fügt an, dass die Versicherer auf einen gewissen Abstand zwischen Nettoeinkommen und Berufsunfähigkeitsrente bestehen, damit finanzielle Anreize zum Weiterarbeiten gegeben sind.[29]

2. Entscheidungsrelevante Faktoren

Die Notwendigkeit einer BUV wird oft in Frage gestellt, gerade im Hinblick auf die Kosten, denn sie „gehört zu den teureren Verträgen [im Vergleich zu anderen Versicherungen]. Das bestätigen die Testergebnisse der Stiftung Warentest [...]."[30] Sie ist jedoch für alle unbedingt zu empfehlen, um sich selbst und Familienangehörige, die vom Einkommen abhängig sind, abzusichern.[31] Dabei geht es sowohl darum, den bisherigen Lebensstandard aufrecht zu erhalten, als auch den eigenen sozialen Status zu schützen.

Dennoch gibt es viele Menschen, die keinen Versicherungsschutz haben, da sie sich diesen nicht leisten können, an den Hürden der Versicherungsgesellschaften (s. Kap. D.II.1) scheitern oder sich nicht ausreichend informiert haben.[32] Letzteres betrifft die Fehleinschätzung des eigenen Risikos, die sich oftmals damit begründen lässt, dass „nach Meinung vieler Befragter [ein Berufsunfähiger] dauerhaft körperlich behindert [ist und] im Rollstuhl [sitzt]."[33] BU wird also oft mit Behinderung gleichgesetzt. Diese Unterschätzung betrifft besonders Befragte mit „Abitur oder einem höheren Bildungsabschluss. Nur 9 [%] aus dieser Gruppe halten sich für gefährdet[, während es bei] Befragten mit Hauptschulabschluss [...] 20 [% sind]."[34] Bei der Einschätzung der Wahrscheinlichkeit, berufsunfähig zu werden, geht es um die Anforderungen, die ein konkreter Beruf stellt (s. Kap. B.II): Während beispielsweise ein Maurer eine körperlich anstrengende Tätigkeit verrichtet, ist ein Manager eher Stress und somit psychischer Belastung ausgesetzt. Doch nicht nur die Möglichkeit einer BU wird meist falsch eingeschätzt, sondern auch der Umfang der nötigen finanziellen Absicherung. „Daher meinen viele Berufstätige, sie seien abgesichert, auch wenn sie nur eine Unfallversicherung abgeschlossen haben oder eine Immobilie besitzen."[35]

---

[28] Vgl. Schönherr, K.:18! Was du DARFST Was du MUSST Was du KANNST. 2. Auflage. Köln: Eichborn 2016, o. S.
[29] Vgl. Heuchert 2006, S. 82.
[30] Pohlmann 2012, S. 60.
[31] Vgl. ebd. S. 59.
[32] Vgl. Continentale Lebensversicherung AG: Berufsunfähigkeit – das unterschätzte Risiko. Online-Veröffentlichung 2011. Verfügbar unter: http://www.contactm.de/cipp/continentale/lib/pub/object/downloadfile,oid,6163/lang,1/ticket,guest/~/continentale_studie_BU_2011_klein.pdf [31.08.2016], S. 12; Pohlmann 2012, S. 59.
[33] Continentale Lebensversicherung AG 2011, S. 14.
[34] Ebd. S. 14.
[35] Ebd. S. 23.

II. Versicherungsvertrag

1. Aufnahmebedingungen der Versicherer

Aufgrund einiger Einschränkungen ist es nicht jedem möglich, den Vertrag seiner Wahl oder überhaupt einen Vertrag abzuschließen. Die Versicherungen wollen ihr Risiko möglichst gering halten, weshalb sie aus Kalkulationsgründen eine schriftliche Gesundheitsprüfung vornehmen. Dabei werden Fragen zu bisherigen gesundheitlichen Problemen gestellt. „Bei guten Versicherern sollten sich [diese] auf Krankenhausaufenthalte der letzten zehn Jahre und Arztbesuche, Unfälle, Erkrankungen und Behandlungen der letzten fünf Jahre beschränken."[36] Sie müssen sehr sorgfältig und ehrlich beantwortet werden, da im Falle von „falsche[n] Angaben [...] der Versicherer die Leistung verweigern [kann]"[37] aufgrund einer Verletzung der vorvertraglichen Anzeigepflicht. Hierbei spielt es keine Rolle, ob die fehlerhafte Meldung auf Absicht oder Fahrlässigkeit zurückzuführen ist. „Zufallsstichproben der Swiss Life haben ergeben, dass in rund 60 [%] der Anträge [...] Gesundheitsfragen nicht wahrheitsgemäß beantwortet wurden."[38] Die Richtigkeit der Antworten wird, um Arbeitsaufwand einzusparen, nicht bei Vertragsabschluss überprüft, sondern erst, wenn der Versicherte einen Antrag auf Berufsunfähigkeitsrente stellt. Um diese Kontrolle zu ermöglichen, muss man die Ärzte und Krankenkassen bei Vertragsabschluss gegenüber dem Versicherer von ihrer Schweigepflicht entbinden.[39]

Es ergibt sich folgende Problematik: Die wichtigsten Ursachen der BU sind zugleich auch Ausschlusskriterien bei der Vertragssuche, denn „[w]er [...] schon einmal eine Psychotherapie hinter sich gebracht hat, wird genauso wenig versichert wie jemand mit schweren Allergien."[40] Auch Rheuma oder Diabetes Typ I führen „zwingend zu einer Ablehnung"[41]. Infolgedessen wird die BUV gelegentlich als „Versicherung für Kerngesunde"[42] bezeichnet. Da die Versicherungsgesellschaften bei hohem Alter und Vorerkrankungen ein höheres Risiko eingehen, bieten sie den Schutz entweder sehr teuer, gar nicht oder nur mit Risikozuschlägen bzw. Haftungsausschlüssen an. Man sollte darauf achten, dass die Ausschlüsse im Vertrag nicht zu allgemein formuliert sind, wie z. B. Rückenleiden. Außerdem empfiehlt es sich, eine Überprüfung respektive Aufhebung von Leistungseinschränkungen nach einer bestimmten Frist auszuhandeln. Verbraucherschützer raten meist, Aufschläge Ausschlüssen vorzuzie-

---

[36] Schönherr 2016, o. S.
[37] Pohlmann 2012, S. 60.
[38] O. A.: Es geht um die Existenz. In: Finanztest, 8/2015, S. 70.
[39] Vgl. Schönherr 2016, o. S.; Heuchert 2006, S. 117.
[40] O. A.: Berufsunfähigkeit. Absicherung eines zentralen Lebensrisikos. In: Frankfurter Allgemeine, 15.09.2011. Verfügbar unter: http://www.faz.net/aktuell/finanzen/meine-finanzen/finanzprodukte-fuer-jedermann/finanzprodukte-fuer-jedermann-berufsunfaehigkeit-absicherung-eines-zentralen-lebensrisikos-11227477.html [03.08.2016].
[41] O. A.: Es geht um die Existenz. In: Finanztest, 8/2015, S. 69.
[42] O. A.: Berufsunfähigkeit. Absicherung eines zentralen Lebensrisikos. In: Frankfurter Allgemeine, 15.09.2011. Verfügbar unter: http://www.faz.net/aktuell/finanzen/meine-finanzen/finanzprodukte-fuer-jedermann/finanzprodukte-fuer-jedermann-berufsunfaehigkeit-absicherung-eines-zentralen-lebensrisikos-11227477.html [03.08.2016].

hen, sofern dies finanziell möglich ist.[43] Des Weiteren sollte man, um späteren Problemen vorzubeugen, darauf bestehen, dass alle Vorerkrankungen ins Protokoll aufgenommen werden, auch wenn der Versicherungsvermittler sie für unwichtig hält.[44]

Neben dem gesundheitlichen Zustand können auch bestimmte Berufe dazu führen, dass jemand nur schwer einen Versicherer findet, der ihm einen Vertrag anbietet. Dies betrifft z. B. Musiker und Sportler, weil bei ihnen kleine körperliche Schädigungen weitreichende Folgen haben können.[45] Da jede Versicherungsgesellschaft unterschiedliche Maßstäbe anlegt, zahlt sich Beharrlichkeit aus.[46] Ebenfalls problematisch können regelmäßiges Rauchen und gefährliche Hobbys wie bestimmte Kampfsportarten, Fallschirmspringen oder Motorsport werden.[47]

Zusammenfassend empfiehlt es sich, den Vertrag so früh wie möglich abzuschließen, denn je jünger und gesünder jemand bei Vertragsabschluss ist, desto größer sind die Chancen, einen günstigen Versicherungsschutz zu bekommen. Außerdem empfiehlt Stiftung Warentest, sich an mehrere Anbieter gleichzeitig zu wenden, denn erstens kann man so die Angebote direkt vergleichen und zweitens ist man im Falle von Vorerkrankungen noch nicht im Hinweis- und Informationssystem (HIS) beim Gesamtverband der Deutschen Versicherungswirtschaft registriert. Alle Versicherer haben darauf Zugriff und können einsehen, wer wo und warum abgelehnt wurde.[48] Eine weitere Möglichkeit, einen Eintrag ins HIS zu umgehen, ist eine anonyme Risikovoranfrage über einen Versicherungsmakler.[49]

2. Qualitätsmerkmale einer Versicherung

Es ist lohnenswert, sich vor dem Abschluss einer BUV ausführlich zu informieren. Hierbei helfen z. B. Ratings und Gespräche mit möglichst unabhängigen Beratern.[50] Die Qualität eines Vertrags zeigt sich im Kleingedruckten, den sogenannten allgemeinen Versicherungsbedingungen. Sie sind sehr bedeutend, da ein günstiger Abschluss, der im Falle einer BU unzureichende Leistungen bringt, im Endeffekt die schlechtere Wahl ist. Im Folgenden werden den die wichtigsten Kriterien aufgeführt, die bei der Auswahl eines Vertrages berücksichtigt werden sollten:[51]

Klauseln dienen der Einschränkung oder Erweiterung von Leistungen. So sollte es z. B. keine Klausel für abstrakte Verweisung geben. Das „bedeutet, dass der Versicherer beispiels-

---

[43] Vgl. Heuchert 2006, S. 67.
[44] Vgl. Schönherr 2016, o. S.
[45] Vgl. Heuchert 2006, S. 122 f.
[46] Vgl. O. A.: Es geht um die Existenz. In: Finanztest 8/2015, S. 67.
[47] Vgl. Heuchert 2006, S. 68; Bund der Versicherten e. V.: Leitfaden Versicherungen. Richtig versichern und dabei sparen. 6. Auflage. Springe: zu Klampen 2013, S. 134, 144.
[48] Vgl. Pohlmann 2012, S. 63.
[49] Vgl. AFP 2016, S. 7.
[50] Vgl. Heuchert 2006, S.114.
[51] Für weitere Informationen hierzu s. Heuchert 2006, S. 84-99.

weise einem angestellten Kaminbauer [...] die Rentenzahlung verweigern kann, weil dieser [...] immer noch als Verkäufer und Berater im Geschäft eines Kaminbauers arbeiten könnte"[52] – unabhängig der Anstellungschancen. Zu beachten ist, dass Selbstständige hiervon ausgenommen sind, denn sie sind laut Rechtsprechung zur Umorganisation ihres Unternehmens verpflichtet, sofern sie eine andere Tätigkeit darin ausüben könnten.[53]

Des Weiteren „sollte [es in den] Versicherungsbedingungen immer um den Beruf gehen, [der] bei Eintritt der [BU] ausgeübt [wird] – ganz unabhängig von dem [bei Abschluss des] Versicherungsvertrag[s].“[54] Wenn sich die Tätigkeit nach Vertragsabschluss ändert, „bleibt es bei den einmal vereinbarten Beiträgen und Bedingungen.“[55]

Wichtig ist auch der Prognosezeitraum, worunter man die „nach Einschätzung eines Arztes"[56] voraussichtliche Dauer der BU versteht. Gute Versicherungsbedingungen zeichnen sich dadurch aus, dass der Versicherte ab einem Prognosezeitraum von sechs Monaten eine Berufsunfähigkeitsrente erhält. Außerdem sollten rückwirkende Leistungen für bis zu drei Jahre gewährt werden. Das bedeutet, dass der Versicherte, falls er seine BU erst nachträglich meldet, weil er z. B. die Tragweite anfänglicher, sich steigernder Beschwerden nicht erkannt hat, rückwirkend seine Rente seit Eintritt der BU innerhalb dieser Frist erhält.[57] Dieses Qualitätsmerkmal wird bei Vereinbarung einer Karenzzeit (s. Kap. D.II.3.b) hinfällig.

Ferner dient eine Nachversicherungsgarantie dazu, die Versicherungssumme und dementsprechend die Beiträge später ohne erneute Gesundheitsprüfung anzupassen, wenn man mehr verdient und daher einen höheren Lebensstandard absichern will oder wenn man durch Heirat oder Familiengründung andere mit absichern möchte.[58] Zusätzlich ist eine Dynamisierung der Beiträge, die dem Inflationsausgleich dient, empfehlenswert. Hierbei erhöhen sich die Beitragszahlungen jährlich, wodurch auch die Berufsunfähigkeitsrente steigt.[59] Zusätzlich sollte jemand, der vor hat, ins Ausland zu gehen, auf weltweiten Versicherungsschutz achten.[60]

3. Versicherungsbeiträge

a) Einflussfaktoren für die Beitragshöhe

Für die Versicherungsunternehmen sind die fünf Hauptkriterien zur Ermittlung der Beitragshöhe Alter, Beruf, Gesundheitszustand, Versicherungszeitraum und gewünschte Rentenhöhe (s. Kap. D.I.1). Unter Berücksichtigung einer Risikoeinstufung wird aus den ersten vier

---

[52] Pohlmann 2012, S. 64.
[53] Vgl. Heuchert 2006, S. 110 f.
[54] Ebd. S. 89.
[55] Ebd. S. 70.
[56] Bund der Versicherten e. V. 2013, S. 138.
[57] Vgl. Heuchert 2006, S. 91 f.
[58] Vgl. ebd. S. 93 f.
[59] Vgl. ebd. S. 104.
[60] Vgl. ebd. S. 89.

genannten Faktoren die Wahrscheinlichkeit für den Eintritt einer BU berechnet. Aus dieser ergibt sich zusammen mit der gewünschten Rente die Höhe der Versicherungsprämie (= Versicherungsbeitrag). So ist z. B. laut Stiftung Warentest ein 30-jähriger Akademiker für 800 Euro im Jahr mit einer Monatsrente von 2000 Euro abgesichert, während ein 25-jähriger Industriemechaniker für den gleichen Betrag im Leistungsfall monatlich nur 1500 Euro erhält, da er zu einer anderen Risikogruppe gehört.[61]

Bei den Beiträgen muss zwischen Netto und Brutto unterschieden werden: Der Nettobeitrag ist der, den der Versicherte tatsächlich zu zahlen hat. Falls die Versicherung keine Überschüsse erwirtschaftet, kann dieser allerdings bis zur Höhe des Bruttobeitrags ansteigen, der manchmal mehr als doppelt so hoch ist. Von Relevanz ist außerdem der Barwert. Hierbei handelt es sich um eine Hochrechnung ausgehend vom Nettobeitrag, die ausdrückt, welchen theoretischen Preis man insgesamt bis Vertragsende zahlt, um für den Fall der BU abgesichert zu sein.[62] Jedoch empfiehlt Finanztest, eine Zeitschrift der Stiftung Warentest, die Nettobeiträge zum Vergleich heranzuziehen, da es in den letzten Jahren keine „dramatischen Preissprünge[...]"[63] gab.

b) Möglichkeiten der Beitragsreduzierung

Von großer Bedeutung ist die Auswahl eines Vertrags mit eine Beitragshöhe, die dauerhaft bezahlbar ist, um zu vermeiden, dass man die Zahlungen und damit auch den Versicherungsschutz für einige Zeit aussetzen oder im schlimmsten Fall sogar kündigen muss. Ein neuer Vertrag würde danach aufgrund des höheren Alters und eventueller Gesundheitsbeschwerden viel teurer oder nicht zu bekommen sein. Im Folgenden wird deshalb aufgeführt, welche Vereinbarungen zu geringeren Prämien führen:

Zum einen kann man einen Vertrag, der normalerweise bis zum 67. Lebensjahr läuft, splitten und beispielsweise ab dem 60. Lebensjahr bis zum Renteneintritt eine geringere Rente vereinbaren, da „die Absicherung dieser Jahre den Beitrag um 15 bis 30 [%] verteuert."[64] Eine weitere Einsparungsmöglichkeit ist die sogenannte Karenzzeit, bei der Versicherte im Falle einer BU erst nach einer Frist von z. B. sechs Monaten Leistungen erhält und bis dahin mit seinen Ersparnissen auskommen muss. Das ist günstiger, da die Versicherung später zahlen muss und weniger Risiko hat, da nach dieser Zeitspanne „meist klar [ist], dass die Beschwerden nicht nur vorübergehend sind."[65] Überdies empfiehlt es sich in jedem Fall, eine jährliche Zahlungsweise zu vereinbaren, da monatliche Beiträge im Vergleich etwa 2,5 %

---

[61] Vgl. AFP 2016, S. 7.
[62] Vgl. Heuchert 2006, S. 73 f.; o. A.: Es geht um die Existenz. In: Finanztest, 8/2015, S. 69.
[63] O. A.: Es geht um die Existenz. In: Finanztest, 8/2015, S. 69.
[64] O. A.: Berufsunfähigkeit. Absicherung eines zentralen Lebensrisikos. In: Frankfurter Allgemeine, 15.09.2011. Verfügbar unter: http://www.faz.net/aktuell/finanzen/meine-finanzen/finanzprodukte-fuer-jedermann/finanzprodukte-fuer-jedermann-berufsunfaehigkeit-absicherung-eines-zentralen-lebensrisikos-11227477.html [03.08.2016].
[65] Heuchert 2006, S. 107.

teurer sind. [66] Eventuell kann man auch eine geringere Berufsunfähigkeitsrente in Betracht ziehen, da diese maßgeblich die Prämienhöhe bestimmt.

4. Vertragsgestaltung

a) Kombiverträge

Neben einer BUV als Einzelvertrag ist es auch möglich, sie als Berufsunfähigkeitszusatzversicherung zusammen mit einer kapitalbildenden Versicherung oder einer Risikolebensversicherung abzuschließen. Es ist zu prüfen, ob ein eigenständiger Vertrag oder eine Kombination besser ist: Der Vorteil von eigenständigen BUV-Verträgen ist, dass sie meist flexibler bezüglich nachträglicher Anpassung der Rentenhöhe oder Kündigung sind. Hierbei wird „lediglich das reine Risiko ab[gesichert, was] bedeutet, dass das gezahlte Geld komplett weg ist, wenn der Leistungsfall nicht eintritt."[67] Die Kombination mit einer privaten Rentenversicherung hat dagegen einen Sparanteil. Jedoch sind die „Prämien für diese doppelte Absicherung [...] höher als die einer reinen [BUV]." [68] Laut Stiftung Warentest ist eine Kombination von BUV und Risikolebensversicherung empfehlenswert.[69] Für junge Leute aber nicht, „[d]enn wer noch keine Familie zu versorgen hat, der braucht erst mal keine Risikolebensversicherung."[70] Von einer Kombination mit einer Kapitallebens- oder Rentenversicherung wird hingegen abgeraten, da man dazu neigt „zugunsten einer höheren Altersrente zu wenig für den Fall [einer BU] zu vereinbaren."[71]

b) Überschussbeteiligung

„[E]ine Risiko-Versicherung [kann] nur funktionieren [...], wenn viele [Versicherte] Beiträge zahlen, aber nur wenige eine Leistung erhalten."[72] Falls eine Versicherungsgesellschaft gut kalkuliert hat, erzielt sie Überschüsse, die teilweise wieder an die Kunden zurück gegeben werden. Die drei gängigsten vertraglichen Varianten hierfür sind das Bonussystem, die verzinsliche Ansammlung und die Beitragsverrechnung: Beim erstgenannten wird die Berufsunfähigkeitsrente erhöht, d. h. je später die eventuelle BU eintritt, desto höher ist die Rente. Falls keine BU eintritt, profitiert der Versicherte allerdings nicht davon. Die verzinsliche Ansammlung sieht hingegen eine Auszahlung der Gesamtsumme bei Vertragsende vor. Beide Varianten sind im Voraus nicht kalkulierbar. Deshalb ist die Beitragsverrechnung ihnen vor-

---

[66] Vgl. ebd. S. 64; o. A.: Es geht um die Existenz. In: Finanztest, 8/2015, S. 67.
[67] O. A.: Für den schlimmsten Fall gerüstet. Wer durch Krankheit oder Unfall berufsunfähig wird, sollte gegen finanzielle Folgen versichert sein. In: Südfinder, 11.06.2016, o. S.
[68] Ebd. o. S.
[69] Vgl. Pohlmann 2012, S. 62.
[70] Schönherr 2016, o. S.
[71] Pohlmann 2012, S. 62.
[72] Heuchert 2006, S. 26.

zuziehen. Hierbei werden die Überschüsse jährlich mit den Beiträgen verrechnet, wodurch diese merklich reduziert werden. [73]

c) Grad der Berufsunfähigkeit

Bei der Pauschalregelung zahlt die Versicherung je nach vertraglicher Vereinbarung ab 50 % oder selten ab 75 % BU die volle Rente. Jedoch erfolgt bei einer geringeren BU keine Versicherungsleistung. Alternativ besteht die Möglichkeit einer Staffelregelung. In diesem Fall kann beispielsweise festgelegt werden, dass bei 25 % BU ein Viertel der Rente gezahlt wird. Dies ist für körperlich anstrengende Berufe empfehlenswert, da hier schon geringe gesundheitliche Einschränkungen eine große Auswirkung auf das Einkommen haben können. Ansonsten ist von solchen Vereinbarungen eher abzuraten, da die Prüfungsverfahren komplizierter und die Beiträge höher sind. Außerdem liegt der erforderliche Prozentsatz für die volle Berufsunfähigkeitsrente meist höher als 50 %. [74]

d) Versicherungs- und Leistungszeitraum

Der Versicherungszeitraum legt fest, bis zu welchem Alter der Eintritt einer BU anerkannt wird, während der Leistungszeitraum der Zeitraum ist, in dem Leistungen gezahlt werden. Beide sollten möglichst lückenlos in die Altersrente übergehen. [75] So ist beispielsweise eine Laufzeit bis zum 50. Lebensjahr zwar billiger, ergibt aber wenig Sinn, da statistisch gesehen das Risiko in den folgenden Jahren am größten ist. [76]

E. Alternativen

Es ist zu untersuchen, ob es vergleichbare Alternativen zur privaten BUV gibt: Es besteht unter Umständen die Möglichkeit, sich mit einem BU-Gruppenvertrag über den Arbeitgeber oder die Gewerkschaft abzusichern. Da hier die Maßstäbe dank Risikostreuung nicht so hoch angesetzt sind wie bei Einzelverträgen, ist dies eventuell für jemanden geeignet, der aufgrund einer Vorerkrankung von allen Versicherern abgelehnt wurde. Allerdings haben solche Kollektivverträge meist eine begrenzte Rentenhöhe. [77]

Eine private Erwerbsunfähigkeitsversicherung ist laut Stiftung Warentest die „zweite Wahl"[78], falls finanzielle oder gesundheitliche Gründe den Abschluss einer BUV unmöglich machen. Deren Prämien „liegen bei etwa 50 bis 60 [%] der Beiträge [...] einer [BUV]."[79] Da nur der Fall

---

[73] Vgl. Schönherr 2016, o. S.; Heuchert 2006, S. 79 f.
[74] Vgl. Heuchert 2006, S. 85.
[75] Vgl. Bund der Versicherten e. V. 2013, S. 139 f.; Heuchert 2006, S. 105.
[76] Vgl. Heuchert 2006, S. 105.
[77] Vgl. ebd. S. 125 f.
[78] AFP 2016, S. 7.
[79] Heuchert 2006, S. 126.

abgesichert wird, dass jemand gar keinen Beruf mehr ausüben kann, ist sie im Hinblick auf das Preis-Leistungs-Verhältnis „keineswegs billiger"[80].

Eine weniger weit verbreitete Alternative zur BUV ist die sogenannte Dread-Disease-Versicherung (auf Deutsch: Schwere-Krankheiten-Versicherung). Hier werden im Vertrag nur bestimmte Krankheiten wie z. B. Herzinfarkt oder Krebs versichert. Doch gerade die häufigsten Auslöser einer BU – Erkrankungen der Psyche und des Bewegungsapparats (s. Kap. B.II) – sind meist ausgeschlossen. Im Leistungsfall erhält der Betroffene eine Einmalzahlung, die im Idealfall die Zeit einer Rehabilitation überbrückt, nach der er wieder arbeiten kann. Es kann aber auch sein, dass jemand durch eine Krankheit, die nicht abgesichert ist, dauerhaft berufsunfähig wird und folglich keine Leistungen erhält. Somit stellt auch die Dread-Disease-Versicherung keinen umfassenden finanziellen Schutz dar.[81]

Eine Unfallversicherung ist ebenso nicht als Ersatz für eine BUV zu betrachten, da Unfälle nur einen kleinen Anteil der Fälle von BU auslösen (s. Kap. B.II). Zudem zahlt auch „[d]ie Unfallversicherung […] einmalig, während die [BUV] eine monatliche Rente"[82] bietet.

Bestimmte freie Berufe, wie z. B. Ärzte oder Rechtsanwälte, sind verpflichtet, Mitglied eines berufsständischen Versorgungswerkes zu sein und sind darüber abgesichert. Hierbei besteht der Vorteil, dass keine Gesundheitsprüfung zur Aufnahme erforderlich ist und es auch meistens keine Wartezeit von fünf Jahren wie bei der gesetzlichen Erwerbsminderungsrente gibt. Dagegen ist nachteilig, dass eine hundertprozentige BU Voraussetzung für Leistungen ist und selbst dann die Rentenhöhe nicht ausreicht, um den Lebensstandard zu sichern.[83] Eine BUV hingegen sieht meist 50 % BU vor (s. Kap. D.II.4.c), weshalb eine zusätzliche private Versicherung empfehlenswert ist.

Für Schüler, Studenten und Auszubildende gibt es besondere Vertragsmodelle, denn normalerweise setzt der Abschluss einer BUV voraus, dass ein Beruf ausgeübt wird. Teilweise ist dies aber auch schon möglich, wenn das Studium oder die Lehre zur Hälfte absolviert sind. Eine andere Möglichkeit, die bereits für Schüler in Frage kommt, ist der Abschluss einer Erwerbsunfähigkeitsversicherung mit Wechseloption, d. h. sie kann später in eine BUV umgewandelt werden.[84]

---

[80] Ebd. S. 127.
[81] Vgl. ebd. S. 129-133.
[82] O. A.: Für den schlimmsten Fall gerüstet. Wer durch Krankheit oder Unfall berufsunfähig wird, sollte gegen finanzielle Folgen versichert sein. In: Südfinder, 11.06.2016, o. S.
[83] Vgl. Schlemann, B.: Versorgungswerk. Online-Veröffentlichung o. J., Verfügbar unter: https://schlemann.com/berufsunfaehigkeit/berufsunfaehigkeitsrente-vom-versorgungswerk/ [02.09.2016].
[84] Mehr hierzu unter: Helberg, M: Berufsunfähigkeitsversicherung für Schüler – was soll das? Online-Veröffentlichung o. J. Verfügbar unter: http://www.helberg.info/blog/2012/06/berufsunfaehigkeitsversicherung-fuer-schueler-was-soll-das/ [17.09.2016]; o. A.: Berufsunfähigkeitsversicherung: Schüler haben entscheidenden Vorteil. Online-Veröffentlichung o. J. Verfügbar unter: http://www.finanzen.de/berufsunfaehigkeitsversicherung/ratgeber/schueler [17.10.16].

F. Fazit

Zusammenfassend ist festzuhalten, dass jeder fünfte Arbeitnehmer laut Statistik vor Rentenbeginn berufsunfähig wird.[85] Die Betrachtung der gesetzlichen Leistungen zeigt, dass diese in der Regel nicht ausreichend sind, um den Lebensstandard im Falle einer BU beizubehalten. Die hierdurch entstehende Versorgungslücke kann durch eine BUV sinnvoll abgesichert werden, da diese eine monatliche Rente bezahlt, deren Höhe im Versicherungsvertrag festgelegt ist. Die Beiträge, die man für diesen Schutz bezahlen muss, berechnen sich aus den Parametern Alter, Beruf und Gesundheitszustand, Versicherungszeitraum und gewünschte Rentenhöhe. Folglich ist es sinnvoll, möglichst in jungen Jahren eine BUV abzuschließen. Bei der Auswahl eines Vertrags ist auf dessen Qualität zu achten. Diese zeigt sich z. B. durch eine Nachversicherungsgarantie sowie den Verzicht auf abstrakte Verweisung in den allgemeinen Versicherungsbedingungen. Des Weiteren hat man bei der Vertragsgestaltung verschiedene Optionen: So ist es u. a. empfehlenswert, eine BUV als Einzelvertrag oder in Kombination mit einer Risikolebensversicherung abzuschließen. Außerdem ist eine Überschussbeteiligung in Form einer Beitragsverrechnung sowie eine jährliche Beitragszahlung anzuraten. Individuell festgelegt werden können der Grad der BU, ab der man eine Rente erhält, sowie die Vertragslaufzeit. Eine Prüfung ausgewählter Alternativen zur BUV hat ergeben, dass diese i. d. R. keinen umfassenden Schutz bieten. Deshalb ist eine BUV zur Absicherung laut Stiftung Warentest die „erste Wahl"[86].

Die Tatsache, dass nur knapp ein Viertel aller Haushalte eine private Versicherung für Berufs- oder Erwerbsunfähigkeit abgeschlossen haben[87], zeigt, dass BU ein völlig unterschätztes Risiko ist, über das die Bevölkerung noch nicht ausreichend informiert ist. Denn fest steht: Eine private BUV ist unentbehrlich, um die Versicherungslücke zu schließen, denn „[e]in Risiko lässt sich nicht durch Sparen abdecken, sondern nur durch eine Versicherung."[88]

---

[85] Vgl. FN 13.
[86] O. A.: Arbeitsunfähigkeit: So sichern Sie Ihr Einkommen ab. Online-Veröffentlichung 2016. Verfügbar unter: https://www.test.de/Berufsunfaehigkeit-So-sichern-Sie-Ihr-Arbeitseinkommen-ab-5028848-0/ [24.07.2016].
[87] Vgl. FN 2.
[88] Heuchert 2006, S. 28.

G. Anhang

I. Literaturverzeichnis

- AFP: Schutz vor finanziellem Ruin bei Krankheit. Berufsunfähigkeitsversicherung nach Ansicht von Stiftung Warentest „erste Wahl". In: Schwäbische Zeitung, 20.06.2016, S. 7.

- Bund der Versicherten e. V.: Leitfaden Versicherungen. Richtig versichern und dabei sparen. 6. Auflage. Springe: zu Klampen 2013.

- Continentale Lebensversicherung AG: Berufsunfähigkeit – das unterschätzte Risiko. Online-Veröffentlichung 2011. Verfügbar unter: http://www.contactm.de/cipp/continentale/lib/pub/object/downloadfile,oid,6163/lang,1/ticket,guest/~/continentale_studie_BU_2011_klein.pdf [31.08.2016].

- Helberg, M: Berufsunfähigkeitsversicherung für Schüler – was soll das? Online-Veröffentlichung o. J. Verfügbar unter: http://www.helberg.info/blog/2012/06/berufsunfaehigkeitsversicherung-fuer-schueler-was-soll-das/ [17.09.2016].

- Heuchert, O.: WISO. Risiko Berufsunfähigkeit. Frankfurt: Campus 2006.

- Kopittke, M.; Macht, T.: Höhe der Absicherung. Online-Veröffentlichung o. J. Verfügbar unter: https://www.versicherungen-preiswert-billig.de/Berufsunfaehigkeitsversicherung/Berufsunfaehigkeit_Statistik_Info/Absicherung_Hoehe/absicherung_hoehe.html [13.09.2016].

- Krempel, A.; Rieder, J.: Gesetzlicher Schutz gegen Erwerbsminderung nur lückenhaft. Online-Veröffentlichung 2016. Verfügbar unter http://www.finanztip.de/berufsunfaehigkeitsversicherung/erwerbsminderungsrente/ [05.09.2016].

- Lange & Lange GbR: Berufsunfähigkeitsversicherung. Online-Veröffentlichung 2016. Verfügbar unter: http://www.dbu-brb.de/ [24.09.2016].

- O. A.: Arbeitsunfähigkeit: So sichern Sie Ihr Einkommen ab. Online-Veröffentlichung 2016. Verfügbar unter: https://www.test.de/Berufsunfaehigkeit-So-sichern-Sie-Ihr-Arbeitseinkommen-ab-5028848-0/ [24.07.2016].

- O. A.: Auswirkungen der Unisex-Tarife für private Versicherungen. Online-Veröffentlichung o. J. Verfügbar unter: https://www.1averbraucherportal.de/versicherung/unisex-tarif# [17.10.16].

- O. A.: Berufsgruppen (BU). Online-Veröffentlichung o. J. Verfügbar unter: http://www.deutsche-versicherungsboerse.de/verswiki/index_dvb.php?title=Berufsgruppen_%28BU%29 [21.05.16].

- O. A.: Berufsunfähigkeit - hohes Risiko mit gravierenden finanziellen Folgen. Online-Veröffentlichung 2014. Verfügbar unter: http://www.gdv.de/2014/09/berufsunfaehigkeit-hohes-risiko-mit-gravierenden-finanziellen-folgen/ [19.05.2016].

- O. A.: Berufsunfähigkeit. Absicherung eines zentralen Lebensrisikos. In: Frankfurter Allgemeine, 15.09.2011. Verfügbar unter: http://www.faz.net/aktuell/finanzen/meine-finanzen/finanzprodukte-fuer-jedermann/finanzprodukte-fuer-jedermann-berufsunfaehigkeit-absicherung-eines-zentralen-lebensrisikos-11227477.html [03.08.2016].

- O. A.: Berufsunfähigkeitsversicherung: Schüler haben entscheidenden Vorteil. Online-Veröffentlichung o. J. Verfügbar unter: http://www.finanzen.de/ berufsunfaehigkeitsversicherung/ratgeber/schueler [17.10.16].

- O. A.: Es geht um die Existenz. In: Finanztest, 8/2015, S. 66-75.

- O. A.: Für den schlimmsten Fall gerüstet. Wer durch Krankheit oder Unfall berufsunfähig wird, sollte gegen finanzielle Folgen versichert sein. In: Südfinder, 11.06.2016, o. S.

- O. A.: Gravierendes BU-Risiko für Piloten. Online-Veröffentlichung o. J. Verfügbar unter: https://www.online-vergleich-versicherung.de/berufsunfaehigkeitsversicherung/ berufsunfaehigkeit-pilot/ [21.05.2016].

- O. A.: Pensionsansprüche von Beamten. Online-Veröffentlichung o. J. Verfügbar unter https://beamten-infoportal.de/ratgeber/pensionsanspruche-von-beamten/ [05.09.2016].

- O. A.: Wahrscheinlichkeit, bis zur Rente mit 65 berufsunfähig zu werden nach Altersgruppen. Online-Veröffentlichung 2016. Verfügbar unter: http://de.statista.com/statistik/daten/ studie/28002/umfrage/wahrscheinlichkeit-der-berufsunfaehigkeit-bis-zur-rente-mit-65/ [21.05.2016].

- Pohlmann, I.: Der Versicherungs-Ratgeber. Was wirklich wichtig ist für Familie, Recht, Eigentum, Auto und Gesundheit. 2. Auflage. Berlin: Stiftung Warentest 2012.

- Schlemann, B.: Versorgungswerk. Online-Veröffentlichung o. J., Verfügbar unter: https://schlemann.com/berufsunfaehigkeit/berufsunfaehigkeitsrente-vom-versorgungswerk/ [02.09.2016].

- Schmeitzner, B.: Der kleine Unterschied spielt keine Rolle mehr. Online-Veröffentlichung 2012. Verfügbar unter: https://www.tagesschau.de/wirtschaft/unisex100.html [05.09.2016].

- Schönherr, K.: 18! Was du DARFST Was du MUSST Was du KANNST. 2. Auflage. Köln: Eichborn 2016.

- Smith, P.: Schopenhauer: Gesundheit als Schlüssel zum Lebensglück. In: ÄrzteZeitung, 22.09.2010. Verfügbar unter: http://www.aerztezeitung.de/panorama/article/616284/ schopenhauer-gesundheit-schluessel-lebensglueck.html [24.09.2016].